JN436602

웃음으로 하늘을 품다

문우택 지음

신세림 출판사

웃음으로 하늘을 품다

문우택 지음

소박한 시집을 내기까지

주변 분들의 많은 도움으로 작은 꿈을 이루게 되어 정말 감사를 드립니다.
준비를 하면서 세상은 혼자 사는 것이 아니라는 것을 절실히 느낄 수 있었습니다.

바쁜 와중에도 감수를 받아 주신 분.
디자인을 손수 해주신 분.
인쇄를 저렴하게 해주신 분.
또한 부족한 글에 격려를 해주신 많은 분.
보이지는 않지만 멀리서 응원해 주신 분.

저는 복이 많은가 봅니다.
미완의 밑그림에 색깔을 덧입혀주신 지인들 덕에 소박한 시집이 엮어졌습니다.
너무 행복합니다. 많은 분들의 격려 잊지 않고 세상에 좋은 쓰임으로 보답하겠습니다.

감사합니다.

2013년 10월 깊어가는 가을 저녁에

차례

소박한 시집을 내기까지 5

*1*날다

가슴 뛰는 삶 13
강물처럼 바람처럼 14
같은 하늘 아래서 15
과거로의 여행 16
그리움 17
꿈 18
나는 행복을 선택한다 20
내일 21
동행 22
바다 23
비상 24
아름다운 세상 25
안녕 26
여행 27
위로 28
이른 새벽 29
자유 30
촛불 31
추락 그리고 비상 32
휴식 33

2 떨어지다

가슴앓이 ······ 37
고통 ······ 38
그날의 기억 ······ 39
기억 ······ 40
꿈속에서 ······ 41
님 ······ 42
답답함 ······ 43
당신만 괜찮으시다면 ······ 44
먼 곳에서 ······ 45
먼 길 ······ 46
멍든 가슴 ······ 47
목마름 ······ 48
미처 알지 못했던 것들 ······ 49
방황 ······ 50
벽 ······ 51
보고 있나요? ······ 52
숨바꼭질 ······ 53
실타래 ······ 54
아픔 ······ 55
언제쯤 ······ 56
연습 ······ 57
이틀 ······ 58
자리 ······ 59
차라리 ······ 60
체념 ······ 61
흔적 ······ 62

3 잠시 쉬다

곁에 없어도 ········ 65
감사 ········ 66
그리움 ········ 68
기다림 1 ········ 69
기다림 2 ········ 70
내가 가야할 길 ········ 71
누이 ········ 72
님 가시는 길은 ········ 73
당신 ········ 74
돌아보기 ········ 75
마음으로 쓰는 편지 ········ 76
무인도 ········ 77
슬픈 미소 ········ 78
아버지 1 ········ 79
아버지 2 ········ 80
약속 ········ 81
양양 앞바다에서 ········ 82
젊은 날의 독백 ········ 83
침묵 1 ········ 84
침묵 2 ········ 85
홀로서기 ········ 86

4 다시 날다

기도 89
도전 90
돌아갈 수 없지만 91
바라보는 연습 92
반성 93
웃음 94
웃음으로 하늘을 품다 95
존재의 이유 96
처음 만날 때에는 97
추억 98
웃음으로 하늘을 품다 99
희망 100

추천사 102

1 날다

바람 부는 작은 언덕에 누워
그토록 갈구했던 단잠 청하고픈
모든 것으로부터 자유로워지는
그날.

· 가슴 뛰는 삶
· 강물처럼 바람처럼
· 같은 하늘 아래서
· 과거로의 여행
· 그리움
· 꿈
· 나는 행복을 선택한다
· 내일
· 동행
· 바다
· 비상
· 아름다운 세상
· 안녕
· 여행
· 위로
· 이른 새벽
· 자유
· 촛불
· 추락 그리고 비상
· 휴식

가슴 뛰는 삶

잿빛구름 가득한 하늘 한쪽으로
실오라기 빛줄기 하나
어둠 비집고 살포시
얼굴 내민다.

이따금 빗방울 간간히 뿌리고
거친 바람 불어대지만
아랑곳 하지 않고
빛줄기는 더욱 강렬하게
나를 비춘다.

내속에서 꿈틀거리는
알 수 없는 몸부림이 감싸고
뜨거운 불꽃 되어
벅찬 감동으로 세상을 맞는다.

그래 다시 시작이다.
이젠 쓰러져 다시 울지 않으리.
가는 길 험한들
지쳐 쓰러지지 않으리.

강물처럼 바람처럼

강물은
아무것도 바라지 않고 먼 길 향해 흐르다
커다란 바위 앞을 가로 막아도
그저 말없이 옆으로 비켜 흘러
바다로 향하는 길
멈추지 않는다.

바람은
이곳저곳 자유롭게 다니다
작은 언덕에 잠시 쉬면서
이마에 맺힌 땀방울 말없이 닦아주고
또다시 여행을 떠난다.

그저 말없이
아무런 바람도 없이
떠나온 고향 찾아 긴 여행을 떠난다.

지나온 세월
아무 말도 하지 않고 긴 여운 남겨두고
서둘러 길을 떠난다.

같은 하늘 아래서

함께 할 수 없지만
같은 곳 바라 볼 수 없지만
같은 하늘 아래에서
숨 쉬고 있는 사실만으로
작은 위안을 얻는다.

흘러가는 구름 바라보며
소식 실어 보내지 못 하지만
간절한 마음 살짝 얹어
그곳으로 보낸다.

돌이 킬 수 없는 현실
아픈 맘 어쩔 수 없지만
같은 하늘 아래에서 숨 쉬고 있는
사실만으로 용기를 얻는다.

잠시 꿈꾸다 깨어난 아이처럼
허전한 마음 채울 수 없지만
곁에 없어도 잠시 곁은 떠난 것처럼
스스로를 위로하며
어둠 내린 하늘을 바라본다.

과거로의 여행

오랜만에 여행을 떠난다.
설레는 마음으로
시간 저편 ---
몸을 싣고 두 눈 감아본다.

지나간 일들은 마치 오늘처럼
나를 맞이하고
기쁨과 아픔이 교차한다.

한참을 달려
지난 시간 속으로 마음 내려놓고
다시 오늘로 되돌아온다.

몇 번이고 뒤돌아보지만
더 이상 아무것도 보지 못한 채
창가에 기대어 잠을 청해본다

그리움

그토록 간절했던 그리움조차
이제는 익숙해진 기다림이다.

밤 지새우며 아파했던 사실도
세월의 흐름 속에 무뎌지고
이제 담담히 바라보는 게
익숙해진 기다림이다.

내리는 빗줄기 속으로
몸 내준 적도 있지만
이제는 우산 쓰고 흐린 하늘 바라보는
그런 사람이 되었다.

죽을 것만 같았던 현실은 아련한
추억
그저 내리는 비를
바라보는 담담함이 되었다.

꿈

아픔이 많았던 유년
하늘은 온통 어둠에 둘러싸인 채
태양을 품을 줄 몰랐다.

수많은 어려움으로
스스로 쌓아 올린 높은 벽 너머로
내 자신을 숨기곤 했다
아무도 찾을 수 없도록.

반복되는 알 수 없는 분노는
유년시절을 더욱 옥죄어 왔고
그럴수록 더욱 깊은 곳으로 나를
밀어 넣고 있었다.

중년의 나이에 잊었던 꿈을 발견하고
더 이상 혼자가 아니었다
온전하지 않은 걸음걸이지만
난 두렵지가 않았다
외롭지가 않았다

구름 잔뜩 낀 하늘 저편에
활활 타오르고 있는 붉은 태양을 보았기에
일어 설 용기가 생겼다.

비록 넘어져
무릎에 생채기가 생겨도
부정적 상념이 나를 붙잡으려 발버둥 쳐도
더 이상 아파하거나 슬퍼하지 않을 힘이 생겼다.

넘어져도 희망이 있기에
난 더 이상 혼자가 아니었다.
난 당당히 세상으로 들어갈 수 있었다
당당하게.

나는 행복을 선택한다

지난 삶 자체가 온통
어둠과 아픔이었고 슬픔의 연속 이었다.

태양은 빛을 잃은 채
덩그러니 하늘에 걸려 있고
어떤 꿈도 꾸지 못한 나는 방향을 잃고
휘청 거렸다.
흐르는 세월 속에 나를 잊은 채
주변을 기웃거리며
떠도는 삶이 시작되었다.

이대로 쓰러질 것인가
주저앉을 것인가
질문과 번민 속에서 마흔 즈음
잊었던 꿈을 찾아 마음으로 웃던 날

어둠은 빛이 되고
슬픔은 기쁨이 되고
몸은 새털처럼 구름과 하나가 되어
하늘을 품는다.

나는 행복을 선택한다.

내일

그토록 기다리던
내일이다.

잔뜩 흐린 날의 반복
그래도 해가 뜨기에 버틸 힘이 생겼다
일어설 힘이 생겼다.

힘든 일이 나를 자꾸 넘어 뜨려도
그래도 내가 다시 설 수 있었던 건
떠오르는 태양
그 안에서 느끼는 희열이 있기 때문에
지친 몸 다시 추스르다
두 주먹 불끈 쥐어 본다.

동행

혼자서 낯선 길 가기보단
둘이라면 덜 외롭겠지요.

혼자 힘들고 지쳐 의지할 곳 없을 때
둘이라면 서로의 한쪽 어깨
내어 줄 수 있겠지요.

주위가 온통 어둡고 두려워
한걸음도 떼지 못할 때
둘이라면
서로 한손 내어주어
의지하며 잡고 갈 수 있겠지요.

혼자 빨리 가기보다 함께 멀리 가는
그런 둘이가 훨씬 좋겠지요.

우리 둘이가 훨씬 좋겠지요.

바다

바다는 아무 말 없이 그저
너울거리고 있다
할 말도 많을 텐데 아무 일 없다는 듯이
예전에도 그랬던 것처럼
오늘도 조용히 침묵하고 있다.

바다는 조용히 품을 찾아온
강물과 바람을 온몸으로 품어주고 있다
오느라 애썼다며 온몸으로
위로해 주고 있다
예전에도 그랬던 것처럼 오늘도
조용히 감싸 안아 주고 있다

바다는 하늘이 메말라 눈물조차
흘리지 못할 때
자신의 일부를 하늘에게 내어주고 있다
아무것도 바라지 않고
예전에도 그랬던 것처럼
오늘도 조용히
자신을 하늘에게 내어주고 있다.

예전에도 그랬던 것처럼.

비상

삶의 무게가 온몸으로 전해지는 아침
잠시 하늘을 본다.

분명 어제와 같은 하늘인데
오늘은 유난히 높게 느껴진다.
더 푸르게 느껴진다.

높이 날자고 무던히도 노력해 보았지만
그럴수록 더욱 가라앉기만 했고
때론 지쳐 눈물조차도 흘릴 여유도 없었다.
난 더 이상 날지 못하고
허우적거리기만 했다

그래 비움이다
높게 날기 위한 비움이 아니라
더 떨어지지 않기 위한 비움이다.

익숙하게 잡고 있던 작은 것부터 하나씩
하나씩 내려놓아야겠다.

채움보다는 비움이다

아름다운 세상

하늘의 푸르름은 설레임으로
나를 반갑게 맞이한다.
오늘은
어떤 가슴 벅찬 일들이
저만치서 기다리고 있을까

가벼운 발걸음 세상을 향해
오늘 하루
나를 낮추고 가슴 따뜻함으로
모두 안아 주어야지.

아름다운 세상 꿈꾸며
나의 작은 몸짓이 큰 바다는 못되더라도
지친 사람들 편히 쉴 수 있는
작은 물방울이 된다면
그것만으로 행복하겠지.

안녕

이제는
당신을 떠나보내 드립니다.
지난 시간 고이 간직했던 기억을
바람과 함께 조용히 날려 드리려 합니다.
마음 아파 잠 못 이뤘던 순간조차도
바람과 함께
하늘로 날려 드리려 합니다.

시간이 흘러 먼 훗날
우연히 지나가는 길에 만나
잠시 눈인사 전하고 가시더라도
아무 미련도 설렘도 품지 않겠습니다.

사라져 가는 당신 뒷모습조차도
숨죽여 보지 않겠습니다.
그저 묵묵히 하늘 한번 바라보고
가던 길 가겠습니다.

아무 일 없었던 것처럼.
아무 일 없었던 것처럼.

여행

이른 새벽
주섬주섬 짐 꾸려 갈 곳 없는 길
서둘러 나서야지.

발길 머무는 곳에서 잠시 쉬었다
어디 가냐 묻는 이 없어도
혼자만의 시간 속으로
자유로운 영혼 찾아 홀로 떠나야지.

외로워 몸서리 쳐지면
바람에게 위로 받고
강물에 거친 발 담구며 어루만져 달래야지.

보는 이 없어도 기운차려
가던 길 계속 가야지.

위로

온통 상처뿐인 지난날의 나를 바라본다.
그리도 아파하고 신음했던 얼룩진
과거
무수히도 헤어 나오려 발버둥 쳐도
더욱더 진흙탕 속으로 빠져들던 반복된
삶.

이러면 안 되는데.
이러면 안 되는데.
이젠 아픈 나를 내가 살포시 안아줘야겠다.
그동안 수고 했다고.
그동안 고생 많았다고.

피고름 물든 상처에
곱게 약도 발라 줘야겠다.
그동안 얼마나 아팠냐고
그동안 얼마나 외로웠냐고

이젠
지친 몸 누이고 두 눈 꼭 감고
그저 조용히 쉬라고 말해 주어야겠다.
그동안 애썼다고
말없이 토닥토닥 등 두드려 줘야겠다.

이른 새벽

밤새 뒤척이다
눈 떠보니 아직도 어둠이다
꿈속에서 조차도 안타까움에 헤매다
알지 못할 불안감에 몸을 떤다.

거리엔 사람들
분주하게 발걸음 옮기지만
그래도 아직은 여유로운
새벽

하늘은
금세라도 비를 퍼 부울 기세
사람들 발걸음은 더욱 빨라지고.
그들과 하나가 되어 나도
발걸음 서둘러 떼어 본다.

자유

잔뜩 얽힌 많은 굴레들
오늘도 버겁게 짓누르고
나는
이게 아닌데 되 뇌이며
부단히 벗어나려 몸부림친다.

하나씩 하나씩 내려놓으면
처음 모습 그대로 돌아갈 수 있을까
순수했던 예전으로
돌아갈 수 있을까

바람 부는 작은 언덕에 누워
그토록 갈구했던 단잠 청하고픈
모든 것으로부터 자유로워지는
그날.

촛불

가녀린 몸짓에 작은 바람에도 온몸 흔들며
긴 세월 견뎌 왔다
이제는 타오름조차 힘에 겹다
어둠속 작은 불꽃으로
희망을 꿈꾸어 왔던 수고도
삶의 무게로 다가오고
밤새
꿈속에서 찬바람 휘휘 부는
거친 들판 혼자 달리다
홀로
새벽을 맞이한다.
시간이 갈수록 눈물은 더욱 진해지고
내 몸은 점점 작아져
끝내 흔적도 남기지 않고
아픈 가슴 안고 먼 길 떠난다.

추락 그리고 비상

끝이 보이지 않는다.
어디까지 떨어져야 바닥에 닿을 수 있을까
아무리 몸부림쳐도 계속 꺼져만 간다.

다시 한 번
꺾인 날개로 힘껏 날갯짓 해보지만
축 처진 몸은
어둠의 나락으로 추락하고 만다.

빛이 없는 절망
지친 몸 일으킬 힘도 신음소리도 내뱉지 못하고
깊은 어둠 속으로 나를 던진다.

여기서 끝이란 말인가
머릿속에 수많은 말들은 뒤엉켜
흙탕물 같은 길을 잃고 헤매고 있다.

여기서 쓰러지지 말자
여기서 그만 주저앉지 말자
정신을 차려본다

다시 한 번 일어나
저 높은 하늘을 향해 힘차게 날아보라고
또 한 번 날아보라고
땅을 박차고 일어나
저 넓은 광야를 뛰어 보라고.

휴식

거침없이 달려온 시간
미처 보지 못하고 지내온 나날들.
아쉬움도 그리움도
이젠 과거 속으로 묻어 버리고
아무 일 없듯이 몸을 뉜다.

먼 훗날
기억조차 가물거리면
누구나 그런 것처럼
허허 웃어버리는 그런 날이 오겠지.

초조한 마음
성급한 마음도
모두
내려놓고 부는 바람에 몸을 맡긴다.

하늘 구석구석 여행을 떠난다.

2 떨어지다

등대가 내게 말했다.
빛이 되어 준 게 아니라
자기도 무척 외로워 슬피 운거라고.

· 가슴앓이
· 고통
· 그날의 기억
· 기억
· 꿈속에서
· 님
· 답답함
· 당신만 괜찮으시다면
· 먼 곳에서
· 먼 길
· 멍든 가슴
· 목마름
· 미처 알지 못했던 것들
· 방황
· 벽
· 보고 있나요?
· 숨바꼭질
· 실타래
· 아픔
· 언제쯤
· 연습
· 이틀
· 자리
· 차라리
· 체념
· 흔적

가슴앓이

끝난 줄 알았는데
다 사라진 줄 알았는데
아픈 상처 다 아문 줄 알았는데
이토록 가슴이 답답한 건
아직도 미련이 남았나 보다

하루하루 힘겹게 달려 왔는데
끝은 보이지 않고
점점 기운은 빠져
결국 제자리를 맴돌 뿐.

극복해야 하기에 더욱 노력 했는데
일어서야 하기에
수없이 담금질 했는데
이리도 힘든 건
아쉬움이 남았나 보다
아직도
그리움이 남았나 보다

고통

아이의 거친 숨결
가슴이 아려온다.
요란한 기계들은 아랑곳 않고
분주히 소리를 뿜어댄다.
믿기 싫은 말 한마디에
가슴 철렁
나락으로 떨어지고
어찌할 바 몰라
방관자처럼 바라만 본다.
시간은 무심히 새벽을 향해 달려가는데
주위는 온통 침묵뿐
쏜살같이 차들은 어디론가 향하고
무심코 한참을 바라보다
인적 없는 모퉁이에서 토막잠 청해본다.

그날의 기억

모든 게 끝나 버린 듯
계획했던 모든 것은 물거품처럼 사라지고
그렇게 아픔은 시작되었다.

어디서부터 시작해야 하나
별을 잃어버린 하늘은 침묵을 지키고
찬바람은 심장을 할퀴고
쏜살같이 지나쳐 버린다.

꿈을 꾸고 있는 것일까
분명
꿈일 거라 애써 부정하지만
이미 현실은 다가와 손발을 옭아맨 채
숨통을 조이고
더욱 깊은 골짜기로 밀어 넣고 있다.

그렇게 어둠속에 갇힌
나의
긴 방황은 시작되었다.

기억

잊은 줄 알았는데
잊혀 진 줄 알았는데
가슴이 아직도 아린 건
타다 남은 미련이 남아서일까

많은 세월 흘렀는데
그날의 아픔 떠오르는 건
아직도 아물지 않은
상처가 남았다는 것인가

얼마나 많은 시간 흐르고 흘러야
하늘 보더라도
아무 느낌 없이 바라볼 수 있을까

언제쯤.

꿈속에서

희미한 기억 속
님의 향기가 전해진다
뚜렷하진 않지만 곳곳에 남아 있는
님의 발자국을 찾아 꿈속을 헤매인다.

잡을 수 있을 것 같아
손을 내밀어 보지만 잡히는 건
긴 침묵
불멸의 밤은 계속 이어지고
안타까움은 더욱 깊다.

눈을 뜨고 밖을 바라본다.
거리엔 조용히 비가 내리고
아무 일 없었던 것처럼 새벽은
조용히 다가오고

언제쯤
내 마음속에도 새벽은 오려나.

님

님을 향한 그리움은 소리 없는 외침이다.
정처 없이 떠돌며 바람결에 흩날리다
목 놓아 부르짖어도 입술 굳게 다문
소리 없는 외침이다.

님을 향한 기다림은 애잔함이다.
흔적 지우려 몸부림쳐도
뼛속까지 파고드는 날카로움이
몸 구석구석 헤집고 다니는
아련한 애잔함이다.

님을 향한 바라봄은 서글픔이다.
눈감고 향기에 취해 남몰래 숨죽여 바라보다
조용히 발길 돌려야 하는
애절한 서글픔이다.

답답함

하루에도 몇 번씩 마음잡아 보지만
쉽지가 않다.

애써 태연한 척 미소도 지어 보지만
마음속에선 비가 내리고
차가운 바람이 분다.

이게 아닌데 마음을 다독여 보지만
그럴수록 그리움에 골만 깊어
머리를 흔들어 봐도
쇠망치로 맞은 듯 멍해지고
아련함은 심장을 날카롭게 찌르고 있다.

목 놓아 크게 소리 지르면 나아지겠지
마음 한쪽 아린 것 사라지려나
입속에서 맴돌다
기억 속 언저리에 자리를 잡는다.

당신만 괜찮으시다면

당신만 괜찮으시다면
전 아무 상관없습니다.
예전에도 그랬던 것처럼
그리 견디며 살면 되겠지요.

이제는 더 이상 흘릴 눈물도 힘들어
밤 지샐 기운도 제게는 사치일 뿐입니다

우연히 제게 오셨으니
떠나실 때에도 부담 없이
그냥 가시던 길 가시면 됩니다.

하늘도 슬피 울던 날
마치 모든 게 끝날 것처럼 아픔이 밀려오더라도
아무 상관 마시고
서둘러 떠나시면 됩니다.

유난히 가슴이 아픈 오늘
쉬이 잠 못 드는 밤이 되겠지만
더 이상 아파하거나 슬퍼하지 않겠습니다.

그 조차도 제게는
허락되지 않았으니까요

먼 곳에서

말없이 바라보시는 당신의
숨결
몸으로 느끼며 몇 번이고 몇 번이고
당신께 달려가고 싶은 마음
애써 참아봅니다

아침에 눈 뜨면 습관적으로
당신 계신 곳 바라보고
텅 빈 가슴 한번 쓸어내립니다.

하늘 향해 당신을 불러보지만
당신은 그저 말없이
저를 바라만 보고 계십니다.

얼마나 많은 시간 흘러야
당신 계신 곳조차
아니
당신이 누구인지조차
기억 속에서 지워져 버릴까요.

먼 길

사랑하는 고운 맘
고이 간직한 채 떠난다
행여나 마음 들킬까 두려워 숨죽여
떠난다.

사람들 목소리는 점점 희미해지고
몸은 어둠속으로 깊이 가라앉는다.
두 눈 뜨거운 눈물로 몸을 적시고
함께 했던 시간들
필름처럼 바삐 스쳐 지나간다.

당신에게 마음으로 작별 인사 전하고
애절함도 아쉬움도 뒤로 남긴 채
나는 떠난다.

바람 벗 삼아 홀로 떠난다.
먼 길

멍든 가슴

시린 바람 온몸 감싸고
견디기 힘든 서글픔에 가슴으로
눈물 삼킨다.

그리움은 겹겹이 쌓여 빗물 되어 내리고
거친 들판을 지나
흔적 없이 사라진다.

지난 생각에 아픔 살아나
온 몸 마구 찌르는데
신음소리 내지도 못하고 쓰러지며
고개 떨군다.

이 몸 산산이 부서져
허공에 먼지 되어 흩날릴 때 쯤
언제
상처 무뎌져 아픔조차 기억나지 않으려나.

목마름

타는 듯한 갈증에 잠에서 깨어
찬물 벌컥벌컥 들이켜 본다.
더욱 깊어만 가는 목마름
아침이 멀기 만한 이 새벽
뒤척여 보지만
나의 의식은 더욱 또렷해진다.
갖가지 상념
머리는 복잡해지고
더욱 타들어가는 조갈
언제쯤 이 갈증은
나를 자유롭게 할런지
애써 눈을 감아본다.

미처 알지 못했던 것들

무엇이 그리 바쁘다고 줄행랑치듯
삶을 숨 가삐 달려왔을까
인생 뒤안길에 남는 건 온통
상처뿐인 것을.

무엇을 그리 움켜쥐겠다고
다른 이의 아픔을 나 몰라 했을까
그들 가슴에 시퍼런 멍 자국 아로 새기고
남는 건 회한뿐인 것을.

무엇을 그리 드러내겠다고
알량하게 우쭐대며 고개 높이 세웠을까
세상
마치는 날
홀로 외로워 쓰러지고 말 것을.

방황

한순간에 모든 것이 물거품 되고
난 갈 곳 잃어
우두커니 제자리에 서있다.

분명 꿈일 거라 고개 저어 보지만
몸 이곳저곳은 상처투성이다.
이러면 안 되는데
이제 날 준비를 하고 있었는데

모든 것은 모래성처럼 밀려오는 파도에
흔적 없이 사라지고
바다는 아무 일 없듯이
출렁거린다.

난 무엇을 해야 할지
갈피를 잡지 못하고
부는 바람에 이리저리 휘청거리다
어둠속으로 이내 사라지고 만다.

벽

오늘도 아무도 넘어오지 못할
벽을 쌓는다.
철저히 자신을 어둠속에 숨긴
높다란 벽을 쌓는다.

시간이 지날수록 높아만 가고
그 안에서 나름대로 위안을 삼는다.

때론
바깥세상 궁금하지만 모든 걸 체념하고
혼자만의 세상 속에서 오늘도
철저히 나를 감추고
바람도 빛줄기도 들어오지 않는
아무도 넘어오지 못할
벽을
계속 쌓는다.

보고 있나요?

보고 있나요.
같은 시간 같은 장소에서
내가 무얼 하고 있는지.
어떤 방향으로 가고 있는지.

보고 있다면 어떤 가요
내 모습이 흔들리나요?
내 생각이 어리석은가요?

기대하지 않는
대답
오늘도 기다리며
허공을 향해 외쳐봅니다.

보고 있나요?

숨바꼭질

무궁화 꽃이 피었습니다.
무궁화 꽃이 피었습니다.

그리도 꼭꼭 숨어 있길래
간신히 간신히 찾았는데
어찌된 영문도 모고 난 또다시 술래가 되어
'무궁화 꽃이 피었습니다.'를
목청껏 외친다.

이번엔 더 긴 시간 속으로
꼭꼭 숨었는지
부르다 부르다 찾지 못하고
아쉬움을 포개고 터벅터벅 집으로
무거운 발걸음 뗀다.

무궁화 꽃이 피었습니다.
무궁화 꽃이…
무궁화…
무.

실타래

어디서부터 풀어야 할지
어떻게 헤쳐 나가야 할지 모든 것이
버겁다.

순수했던 삶도
세상과 적당히 타협을 한 채
퇴색되어지고
의미 없는 반복을 습관적으로 되풀이 한다.

이런 삶을 꿈꾼 것이 아닌데
또 다른 나는
나를 자꾸 어긋난 방향으로 잡아끌고
시간이 흐를수록 나란 존재는
희미해져 간다.

어디서부터 풀어야 하나.
어떻게 헤쳐 나가야 하나.
제자리에서 그냥
하늘만 바라보고 있다.

아픔

말없이 가만히 나를 바라보며
하고픈 말 하지 않아도
마음으로 너를 읽는다.

아픈 마음 애써 감추려 말고
차라리 아프다 얘기해 주면
위로해 줄 수 없어도 간절히
기도는 해 줄 텐데

뒤숭숭한 오후
머리는 온통 혼돈에 빠지고
간헐적 찾아오는 두통은
나를 산산이 분해를 한다.

당장 달려가 얼마나 힘들었냐
껴안아 주고 싶지만
머릿속 생각만으로 맴돌다
흐지부지.

언제쯤

언제쯤 아픈 기억 지우고
훨훨 날 수 있을까
밤은 깊고 아직 새벽은 저 멀리 있다.

잠을 청하려
애써 눈 감아 보지만
더욱 선명해지는 기억 속으로
난 블랙홀처럼 빨려 들고 만다.

예전에도 그랬던 것처럼
또다시
기다림은 시작되었지만
이제는 만남을 기다리기보다
그저 세월이 흘러
희미해진 기억 아득히 사라짐을
기다릴 뿐이다

연습

아직 서툰 걸음마
성급히 뛰려 하지 않겠습니다.
두 다리 아직 제자리 잡지 못하고 비틀거리지만
그래도 한 걸음씩 한 걸음씩
내딛어 보렵니다.

꿈을 꾸는 듯합니다.
눈을 떠보니 이내 홀로 앉아 있는
저를 발견합니다.

감히 새롭게 시작할 용기도 내지 못한 채
아무런 생각 못하고
초점을 잃은 두 눈은
텅 빈 하늘 바라보고 있습니다.

무슨 그림 그려야 할까 고민을 하다
몇 번씩 지우기를 반복하며
아무 것도 그리지 못하고
텅 빈 하늘
바라보고 있습니다.

이틀

겨우 이틀밖에 지나지 않았는데
많은 시간 흐른 듯 이제
곧 익숙해지겠지.
이제 곧 덤덤해 지겠지.
밖은 조용히 비가 내리고
낯선 거리에 난
홀로 서있다.

무엇을 원한 것도 아닌데
막연한 무엇을 기대하려는 어리석음에
마음 아프다.

당신도 오랜 시간 그리 지나면
아무 일 없었던 것처럼
무덤덤해지는 나이가 되었을 때
혹시 기회가 된다면
차 한 잔 하고픈 마음 뿐.

자리

20년 만에 돌아온 그곳에는
내가 쉴만한 자리가
없다.
빈 공간 이리저리 살펴보지만
그 어느 곳에도
더 이상 내가 누울 곳은
없다.

또 다시 길을 떠난다.
돌아오지 않을 길 떠난다.

스스로를 다독이며 안아주며
돌아오지 않을 길
홀로 떠난다.

차라리

차라리 내가 대신 아팠더라면
덜 힘들 텐데
바라봐야만 하는 가슴이 타들어가고.

너의
아픔 어쩔 수 없어 발 동동 구르다
결국 참던 울음 터지고
눈물로 마음 적신다.

조마조마한 마음 간신히 부여잡고
네게 향하지만
차마 이름조차 부를 수 없어
먼 발치서 바라 보다 발길 되돌리며
몰래
눈물 닦는다.

체념

받아들이고 싶지 않은 그날
삶은 정반대로 흘러가고.
그렇게 나의 방황은 시작되었다.

부정하고 싶지만 인정해야 했고
믿고 싶지 않지만 믿어야 했고
외로움 속에
흔들리며 쓰러지기를 반복하면서
망망대해 항해는 시작되었다

거친 파도가 맴돌며 나를
집어 삼키려 할 때
그때마다 힘이 된 작은
불빛-
등대가 내게 말했다
빛이 되어 준 게 아니라
자기도 무척 외로워 슬피 운거라고.
곁에 있어줘서
오히려 내게 고맙다 한다.

이젠 그 불빛
기억 끝에 점점 사그라져
흔들리는 몸부림으로 어느새
나도 바다에 몸을 맡긴다.

흔적

내가 머물던 그곳
아직도 나의 채취가 남아있을까?
젊은 날
처절하게 몸부림 쳤던 기억
그대로 남아 있을까?

세월이 흘러도 아직 그곳에는
나의 젊은 날이 남아 있을까?
먼 훗날
세월이 흐르고 또 흘러
다시 찾았을 때
그때까지도 나의 진한 몸부림
남아 있을까?

밤기차 차창너머로 바라보는
그곳.

3 잠시 쉬다

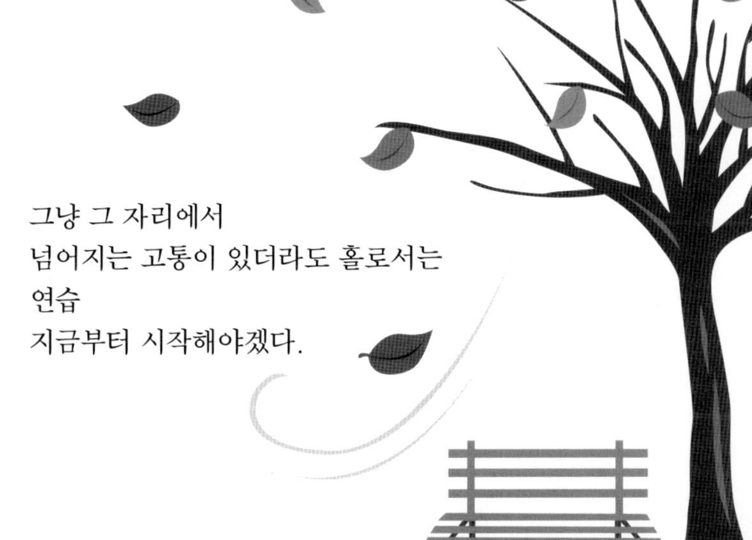

그냥 그 자리에서
넘어지는 고통이 있더라도 홀로서는
연습
지금부터 시작해야겠다.

· 곁에 없어도
· 감사
· 그리움
· 기다림 1
· 기다림 2
· 내가 가야할 길
· 누이
· 님 가시는 길은
· 당신
· 돌아보기
· 마음으로 쓰는 편지
· 무인도
· 슬픈 미소
· 아버지 1
· 아버지 2
· 약속
· 양양 앞바다에서
· 젊은 날의 독백
· 침묵 1
· 침묵 2
· 홀로서기

곁에 없어도

당신
비록 곁에 없어도
내게 전부였던 숨결
지금은 희미해져 들을 수 없어도
난 아직도 느낄 수 있습니다

당신
비록 곁에 없어도
나를 감싸 주었던 체온
지금은 싸늘하게 식어버렸어도
난 아직도 온몸으로 느낄 수 있습니다

이젠 혼자 가는 길
외롭지 않습니다.

당신의 숨결과 체온은 온전히 녹아내려
바람이 되고 강물이 되어
나를 지켜 주기에
더 이상 외롭지 않습니다.

감사

하늘도 울고 땅도 울고
희망은 절망으로
기쁨은 슬픔으로 바뀌어 버렸다

연약한 손등에 날카로운 침이 꽂히고
한마디 말도 못하고
다가갈 수 없는 곳으로
사라져 버렸다

내가 할 수 있는 건
한동안 제자리에서
울지도 못한 채 그냥 서 있을 뿐.

얼마나 두려웠을까
얼마나 아팠을까
어린 나이에 감당하기엔
현실이 너무 무거운 굴레로
다가와 버렸다

곁에만 있게 해달라고
곁에서 함께 숨 쉴 수 있게 해달라고
간절한 기도드리며
이 밤 지새운다.

오늘
태양은 더 붉게 타오르고
하늘도 눈이 시리다.

그리움

네가
너무 그립지만
더 이상 그립지 않다.

이제는
괜찮다고 수없이 되 뇌이지만
아직도 아프다.

이 긴 반문은 언제쯤 끝날 수 있을까?

기다림 1

기다림에 지쳐 잠든 아이의 눈가에
마르지 않은 눈물은 빗방울이 되어
강물이 되고 바다가 되어
하늘과
하나가 된다.

끝날 것 같지 않은 밤
어둠은 어느새 사라졌지만
마르지 않은 아이의 눈물은 바람이 되어
거친 광야를 휘돌아 메마른 사막에서
가쁜 숨 한번 내쉬고
뜨거운 모래와 함께
하나가 된다.

기다림 2

몇 시간째
서성이며 기다려 보지만
막차에도 그는 오지 않고
버스는 서둘러 어둠으로 속으로
사라진다.

언제나 그랬듯이 기다림도 이젠
익숙한 몸짓이 되어
내 곁을 지키고
또다시 부푼 가슴으로
오지 않는 사람을 기다린다.

내일은
내일은 소식이나 전하려나.

내가 가야 할 길

한참을 돌아 왔다.

반복되는 실패 속에 쓰러지기를 수차례
온몸 상처는 깊어만 가고
더 이상 빛은 보이질 않는다.

잘 될 거라 수없이 외쳐 보지만
풀어야 할 숙제는 겹겹이 쌓이고
감당하기 힘든 현실 앞에서
뒷걸음 치는 나를 발견한다.

약해지면 안 되는데
보란 듯이 일어서야 하는데
온 몸을 감싸는 무기력
설 수 있는 용기조차 점점 희미해져 간다.

이대로 주저앉을 수 없지
다시 시작하는 거다
담대히 설 수 있는 용기를 청하며
조용히 새벽을 기다린다.

한참을 돌아 왔다.

누이

뭐가 그리 급해서 할머니 하늘로
여행 떠나시는 날
그리도 허망하게 따라 가셨습니까?

하늘도 울고 땅도 울던 그날
사랑하는 이에게 큰 물음표 던진 채
말없이 그토록 서두르셨습니까?

아직도 할 말 많은데
털어놓아야 할 아픔도 이리 많은데
뭐가 급하다고 훨훨 떠나셨습니까?

38선 휴게소 근처 강가
마지막 이별 앞에서 당신은
늙으신 어머니 가슴에 커다란 못을 박고
아무 말 없이 강물과 하나가 되어
굽이굽이 계곡을 지나 넓은 바다를 향해
먼 길 떠나셨지요.

해마다 그때가 되면
가슴 한구석 미어져 옵니다.
아직도 할 말 많은데
털어 놓아야 할 아픔도 많은데.

님 가시는 길은

님 가시는 길은 구름 한 점 없는
화창한 봄날이었으면 좋겠습니다.
상큼한 봄바람과 함께
가벼운 발걸음으로 떠나실 수 있도록
화창한 봄날이었으면
좋겠습니다.

님 가시는 길은 장미 만발한
아름다운 꽃길이었으면 좋겠습니다.
가다가 힘들면 꽃향기 흠뻑 맡고
가벼운 발걸음으로 떠나실 수 있도록
아름다운 꽃길이었으면
좋겠습니다.

님 가시는 길은 햇살 가득한
밝은 하늘이었으면 좋겠습니다.
근심 걱정 모두 날려 버리고
가벼운 발걸음으로 떠나실 수 있도록
밝은 하늘이었으면
좋겠습니다.

당신

훨훨 자유로이 당신 숨결 전하며
잠시 쉬어가는 낮은 언덕 한 모퉁이에서
미처 듣지 못한 작은 소리에
당신은 귀 기울이십니다

내가 그랬나?
내가 그랬었나?
그럴 리가?
고개 갸우뚱 거리며 당신은
이내 다시 저 너른 들판으로
가쁜 숨 내쉬며 떠나셨습니다.

제자리에 서서 한동안 아무 말 없이
당신 가신 그곳을 하염없이
바라봅니다

저는.

돌아보기

사람으로부터 서운한 마음 들어
견디기 힘들었다면
나도 누군가에게 그런 마음 들게 했는지
곰곰이 생각해 봅니다.

사람으로부터 실망해
심한 배신감 느꼈다면
나도 누군가에게 똑같은 마음 들게 했는지
곰곰이 생각해 봅니다.

사람으로부터 상처를 받아 신음할 때
나도 누군가에게 더 심한 상처 주었는지
곰곰이 생각해 봅니다.

내 입장이 아닌 그들의 입장에서
곰곰이 생각해 봅니다.

마음으로 쓰는 편지

불러도 대답 없는 너에게
마음으로 편지를 쓴다.

제법 익숙해 질만도 한 그리움은
시간이 흐를수록 깊어만 간다.

이토록 가슴 아플 줄 알았더라면
차라리 모르는 남이 훨씬 마음 편했을 걸.

지새지도 않아도 될 수많은
밤
대답 없는 너를 불러보며
마음으로 편지를 쓴다.

무인도

찾아주는 이 없어도 외롭지 않다.
갈매기 친구삼아 노래 부르고
철썩
너울대는 파도에 춤추면 그만인 게지.

오늘도 어제지만
오는 이 없어 떠날 이도 없으니
가슴 아픈 저림도 없겠지.

맑은 하늘 보며 참 맑다
한 번 외치고
흐린 하늘 보면 참 흐리다
한 번 속삭이면 그만인 게지.

그냥
하늘 한 번 바라보면 되는 거지.

슬픈 미소

떠나보내야 하는 애끓는 마음에
오늘도 밤 지새우며
마른 눈물 흘리고
어차피 가야할 사람
고이 보내야 하는데
무슨 미련 남아
찬 새벽 헤매는 걸까
더 이상 아파하지도 말고
훨훨 날아갈 수 있도록
애써 잡고 있는 끈
이젠 놓아야지.
마지막 남은 슬픔일랑
모두 흩날려 버리고
편히 갈 수 있도록
미소
함께 보내 드려야지.

아버지 1

아버지!
계신 그곳은 어떠신지요?
홀연히 먼 길 떠나시는 당신께
작별인사 제대로 못하고 이렇게 세월만 흘렀습니다.
홀로 여행 떠나실 때
발걸음 얼마나 무거우셨습니까?

아버지!
당신께서 돌아오지 못할 여행 떠나시기 3일전
철부지 막내아들 생일상 차려 주라는
힘없으신 목소리
아직도 귓전에 울려 퍼져
가슴이 미어져 옵니다.

아버지!
해마다 이맘 때 되면
당신의 너털웃음소리 사무치게 그리워집니다.
당신께서 손수 해주신
오이 초무침도 먹고 싶습니다.

아버지!
오늘은 당신의 따뜻한 품에 안겨
잠들고 싶습니다.
유난히 당신의 넓은 등이 그리워집니다.

아버지 2

우리 가족 앞으로 행복하게 살자시더니
이리도 무심하게 떠나셨나요.

당신 떠나시는 날
하늘에선 가시는 길 외롭지 말라고
온종일 눈꽃 휘날리고

뿌연 담배연기
술 취하신 당신의 모습
그땐 잘 몰랐지만 이제는 조금씩
당신 삶의 무게를 이해할 수 있는
나이가 되었습니다.

어느덧 철부지 막내아들은
세월의 흐름 속에
두 아이의 아버지가 되었고
어느새 당신을 닮아가고 있는
저를 발견합니다.

아버지 계신 그곳은
어떠신지요?

약속

하루가 지나고 또 하루가 시작되고
시간이 흐르다 보면
그날이 오겠지.

막연한 기다림과 설렘으로
아침을 맞이하지만
유난히 가슴 한쪽이 답답해져 오는 건
왜일까?

혼자만의 바람으로 나를
위로하고 다독이며
오늘도 정해지지 않은 그날을 기다리며
가쁜 숨 내쉬어 본다.

이 답답한 마음 언제 그랬냐는 듯
눈 녹듯 사라질 수 있을까

그날이 오면

양양 앞바다에서

아무도 없는 백사장
쉼 없이 밀려오는 거친 파도
휴식 취하는 갈매기 무리

가던 길 멈추고
나도
그들과 함께 하나가 된다.

잔뜩 찌푸린 하늘은 굵은 빗방울을
사정없이 내게 뿌리며
어서 돌아가라
어서 돌아가라 소리 지른다.

황급히 서둘러 서울행 고속버스에
지친 몸을 누인다.

차창 너머 바다는 아무 말 없이
거친 숨을 토해내고 있다.

젊은 날의 독백

잘 될 거라 생각하며 여기까지 달려왔는데
지나온 날들이 스쳐 지나고
삶은 점점 지쳐간다
하늘을 바라본다.
어디가 잘못된 것일까.
끈을 놓을 수도 잡을 수도 없는
방황.
어느 길로 가야 번민이 사라질까
뒤돌아보지 않고 달려 왔는데
남은 건 상처투성이
난
무슨 삶을 살아 왔는가?
자문해 본다
머리가 혼란스럽다.
모든 것이 파도처럼 한꺼번에 밀려오고
온몸으로 감당하기엔 너무 지쳤다.
난 너무 작아져 버렸다
이젠 끈을 놓아버리고 싶다
간절히.

침묵 1

할 말 없어
가만히 있는 것이 아니라
할 말 많아 아무 말 하지 않고
그냥 지켜보고 있다

많은 말들이 내 입을 통해 세상에 뿌려졌지만
다른 이의 마음속에
얼마나 많은 상처를 주었을까
오늘 하루 반성해 본다.

부끄러워 숨을 곳을 찾아야 했다
아주 깊숙한 곳으로
몸을 낮춰야 했다.

침묵 2

정제되지 않은 많은 말들
그럴싸하게 포장되어 오늘도
거침없이 내뱉어 지는데.

과연
나는 옳은가?

뒤돌아보고 싶다.

조용히 숲과 함께 작은 시간
갖고 싶다.

홀로서기

이젠 아픔도 익숙함이다.
아픔은 거짓말처럼 무뎌지고
처음부터 어긋난 만남
부정하고 싶지만 인정해야만 했고
반복되는 헤어짐 앞에서
애원하며 매달리기도 했지만
이젠 지쳤다.
남겨놓은 힘조차 쓴지 오래.
애원하지 않겠다
매달리지 않겠다.
먼지 날리는 하늘 되어도
아무 말 하지 않겠다.
그냥 그 자리에서
넘어지는 고통이 있더라도 홀로서는
연습
지금부터 시작해야겠다.

4 다시 날다

그토록 짓누르던
굴레
던져 버리고
오늘도
나는
웃음으로 하늘을 난다.

· 기도
· 도전
· 돌아갈 수 없지만
· 바라보는 연습
· 반성
· 웃음
· 웃음으로 하늘을 품다
· 존재의 이유
· 처음 만날 때에는
· 추억
· 웃음으로 하늘을 품다
· 희망

기도

당신 계신 그곳은
화창한 봄날이었으면 좋겠습니다.

향긋한 봄내음 맡으며
가벼운 발걸음으로 소풍갈 수 있는
화창한 봄날이었으면
좋겠습니다.

당신 계신 그곳은
시원한 바람 부는 작은 언덕이었으면
좋겠습니다.
삶에 지쳐 힘들 때
잠시 누워 하늘을 볼 수 있는
작은 언덕이었으면
좋겠습니다.

당신 계신 그곳은
편안한 바다였으면 좋겠습니다.
괴로워 잠 못 이룰 때
아무 말 없이 그저 편안하게
안아주는 바다였으면
좋겠습니다.

도전

새로운 길을 간다는 것은 설레임보다
두려운 것이 솔직한
마음입니다.

그래도 두려움보다는
머뭇거림보다는
아쉬워하기 보다는
설레임으로
두근거림으로
한걸음 내딛으렵니다.

시나브로.

돌아갈 수 없지만

돌아갈 수 없지만
돌아가서는 안 되겠지만.
살아온 기억은 지우고 싶지 않습니다.

그날의 아련한 슬픔은 오늘도
나를 가슴 아프게 하지만
날 지탱 해주는 원동력이 됩니다.

반복되는 삶을 때론 벗어나
그때로 돌아가고 싶은 마음
들기도 합니다.

그렇다고 해서 뭐가 달라질까요
그저 가끔 생각하는 여유를 가지며
오늘을 시작하렵니다.

바라보는 연습

말없이 바라보자
다가서지 않고 그저 바라만 보자

어떤 작은 바람도 희망도 기대하지 않고
그저
멀리서 기도해 주자.

지금 이 순간
난 그 자리에 홀로 서 있지만
힘들면 하늘 한번 쳐다보고
씁쓸히 텅 빈 가슴 위로하며
바라만 보자.

작은 틈 비집고 들어가려 아파하지 말고
지난 추억 되 뇌이며 힘들어 하지 말고
그저
아무 말 없이 바라만 보자.

행복하라고

반성

세상을 변화시키는 큰 물줄기가 되기보다
강물 찾아 조용히 흐르는
작은 물방울 되기 원합니다.

먼저 받기보다
먼저 내어줄 수 있는
소박한 삶이 되길 간절히 기도해 봅니다.

누군가 다가오기를 기다리기보다
먼저 버리고 하나 되기를
마음 모아 기도드립니다.

먼저 내어 놓아야
세상이 열리고 하늘이 열리겠지요.
오늘도
조용히 작은 세상 꿈꾸며
세상 속으로 시나브로 달려갑니다.

웃음

작은 힘 모아 곳곳에
오늘도 나는
사랑을 심고 웃음을 전한다.

삶에 지친 사람들
몸이 불편한 사람들
희망이 없는 사람들
저마다 각기 다른 사연이 하나가 되고
아픔도 슬픔도 서로 어루만져 주는
큰 바다가 된다.

내 혼 불살라 웃음 전하러
나는
길 찾아 떠난다.

웃음으로 하늘을 품다

그토록 짓누르던
굴레
던져 버리고
오늘도
나는
웃음으로 하늘을 난다.

존재의 이유

희미하게 새어 나오는 빛줄기 따라
어둠 뚫고
방황의 긴 터널 지나고 있다

나를 힘겹게 짓누르던
아픈 상처 모두 터널에 남긴 채
앞을 향해 달려가고 있다

지긋지긋했던 지난날 상처에
이젠 더 이상 발목 잡히기 싫다.
다시 도전이다
다시 일어섬이다

꿈꾸는 그곳 멀고 험하더라도
이대로 주저앉지 않겠다.

처음 만날 때에는

처음 만날 때
우리는 이별을 생각지 않는다
펼쳐질 아름다운 길만 생각을 한다

이제부터라도 조금씩
조금씩 헤어질 준비를 미리 해야겠다.

그래야 덜 아프니까
그래야 미련이 남지 않을 테니까

만날 때부터
이별 준비를 먼저 해야겠다.

추억

가슴 떨림으로 젊음을 수놓았던
소중한 기억들

때론 아픔으로
때론 기쁨으로
수많은 밤들 지새우며
하루를 맞이했던 시간들.

모든 것들이
나를 지탱해주는 큰 버팀목이 되고
하루를 살아가는데 삶에 의미를 준다.

지금도 눈감으면
아련함으로 다가오는 기억들.
손을 내밀어도 잡을 수 없어
멀리서 바라보며 한참을 서성이다
할 말 잊은 채 힘없이
뚜벅뚜벅 길을 떠난다.

웃음으로 하늘을 품다

40년 동안 괴롭혔던
또 다른 나를 떠나보내던 날

두 눈에선 눈물 그치지 않고
그토록 힘들게 살아온 날들에 대한 위로일까?
떠나기 싫어 안타까워하는
후회의 눈물일까?

얼마나 흘렸을까
기진맥진 상태로 바닥에 누워 하늘을 본다.
눈물은 그치고
몸은 가벼워져 두둥실 떠올라
하늘과 하나가 된다.

머리를 무겁게 했던 상념들이 사라지고
사느라 잊고 살았던 유년시절의 꿈이
뇌리를 스친다.

"다는 사람들에게
웃음을 주는 사람이 되자"
알지 못할 희열에 멈추지 않는 눈물을 흘린다.

희망

온통 어둠이었다.

발버둥 치면 칠수록
더 깊은 곳으로 빠져든다
모습 없는 무언가가 발목을 잡고
어둠속으로 나를 내동댕이치고
그때마다
숨죽여 흐느껴야 했다

살려달라는 말조차 입가에서 맴돌 뿐
더 이상 눈물도 흘릴 시간조차
내겐 허락하지 않는다
여기에서 주저앉을 수 없다
온통 상처뿐인 몸이지만
스스로를 다독이며 한걸음 내딛어 본다.

쓰러지는 아픔
견디기 힘든 고통 따를지라도
더 이상 울지 않겠다
더 이상 아파하지 않겠다.

추천사

날다 떨어지고
잠시 쉬다 또다시 나는,
이제껏 자기 삶의
진한 페이소스를 긍정으로
옮겨 가려는 그의 시 속에서
나는 인간 문우택이란 사람을
다시 만났습니다.

웃음으로 하늘을 품을 수 있는 사람

아마 4년 전으로 기억됩니다.

처음 문우택이란 사람을 만났습니다.

온 몸이 장난기로 똘똘 뭉쳐 처음에는 실없는 사람으로 여겼습니다.

나중에는 늘 껄껄껄 웃는 웃음 자락에 세상 고민일랑은 하나도 묻어나지 않아 마냥 넉살좋은 사람으로 알았습니다.

그는 그렇게 나의 기억 속에 천진스런 사내로 다가왔습니다.

시간이 흘러도 나는 그가 화를 내거나 누구를 흉보거나 하는 말을 들어보지 못했습니다. 그는 늘 틈만 나면 웃었습니다.

뿔테 안경 너머로 개구쟁이 같은 눈빛을 풀풀 흘릴 때마다 불혹이란 나이를 그에게서 느껴보지 못했습니다.

그는 소년이었고 온 몸에선 보리 새싹 같은 풋풋한 향이 그대로 전해졌습니다.

어쩌다 아주 가끔 함께 술잔을 기울일 때도 그가 마시는 잔속에는 삶에 찌든 외로움은 한 방울도 채워지지 않았습니다. 더러는 고단한 세상 얘기, 자식 얘기, 사업 얘기도 넋두리 삼아 힘들다고 안주 씹듯 질겅질겅 내뱉을 법도 한데, 그는 언제나 웃음으로 사연을 대신했습니다.

그래서 나는 그가 정말 행복한 사람인 줄 알았습니다.

세상 그 어떤 고뇌도 기억 끝에 매달지 않은 달관자인 줄 알았습니다.

그런데 그에게도 남모르는 아픔이 마음 깊은 곳에 고스란히 채워져 있었습니다. 지금까지 외롭다는 이야기를, 세상 참 힘들다는 이야기를 그는 웃음으로 대신했습니다. 어찌 보면 남보다 아픈 사연의 실타래를 그는 웃음으로 한 올 한 올 풀며 함께 지낸 수많은 사람들을 엮었는지도 모르겠습니다.

그가 쓴 시에서 이런 그의 마음과 지나온 삶의 이야기를 속속들이 엿볼 수 있었습니다. 한 편 한 편이 죄다 살아온 이야기였고 또 살아가겠다는 고백이었습니다. 거창한 시인처럼 정제된 언어로 사연을 포장하는 대신 그는 있는 느낌 그대로 자신의 이야기를 전합니다. 마치 속없이 좋은 너털웃음처럼 아무런 꾸밈도 없이 자신의 아픔과 연민과 반성을 그대로 토해냅니다.

날다 떨어지고 잠시 쉬다 또다시 나는, 이제껏 자기 삶의 진한 페이소스를 긍정으로 옮겨 가려는 그의 시 속에서 나는 인간 문우택이란 사람을 다시 만났습니다.

그는 자신의 말처럼 웃음으로 하늘을 품을 수 있는 충분한 자격을 부여 받은 사람이란 걸 알았습니다. 그리고 그가 정말 행복한 사람이란 걸 가슴으로 받아들입니다.

'그토록 짓누르던 / 굴레 / 던져 버리고 / 오늘도 / 나는 / 웃음으로 하늘을 난다.'

그의 이 말처럼 이제는 더 많은 사람에게 그의 날개 짓이 활짝 펼쳐졌으면 좋겠습니다.

4년 전 만난 그가 어느새 40년 지기처럼 다가와 마음 따뜻합니다.

2013년 깊은 가을날
최성철

추 천 사

문우택님을 처음 만났던 때가 2009년 봄이었으니, 벌써 4년이 훌쩍 넘었습니다.

아들을 데리고 제 상담실을 찾아오신 것입니다. 아들을 위해 상담실을 찾았으나, 우택님은 가족 전체의 역동을 다시 정립하자는 저의 제안을 기꺼이 받아들이셨습니다.

우택님은 10회에 걸친 상담에서 일찍 돌아가신 아버지에 대한 그리움, 아버지 역할에서의 고충, 알코올로는 결코 충족될 수 없었던 내면의 욕구, 미래 비전에 대한 목마름을 한 갈피 한 갈피 벗겨내셨습니다.

그로부터 2년쯤 뒤, 웃음치료사가 되어 상담실을 찾아오신 우택님은 인상부터 완전히 달라져 있었습니다. 아들 덕분에 받은 상담이 인생의 커다란 전환점이 되어 우택님의 생활에 새로운 광경이 펼쳐졌다는 고백을 들었습니다. 우택님은 웃음치료사, 아버지 학교 봉사자, 다양한 악기 연주자, 다양한 자기계발 강사로서 부지런히 스스로를 성장시키고 계셨습니다.

저는 요즘 우택님에게서 일주일에 한 번씩 우쿨렐레를 배우고 있습니다. 우택님은 수강자가 새로운 악기와 친근해 지도록 재미있게 가르치는 탁월한 기술을 지니고 계십니다. 연습을 못 해 놓거나, 연주하다 자주 틀려도 우택님에게는 잘 한다는 칭찬만 듣습니다. 새로운 경험, 새로운 사람들과의 만남을 통해 배운 일들도 빠짐없이 들려줍니다. 이 모든 일이 저와의 상담을 통해서라는 표현도 빠뜨리지 않습니다. 저는 우택님의 멋진 선택 덕분이라고 지지의 말로 돌려 드리면서도, 멋지게 발전하고 계신 우택님이 자랑스럽고 뿌듯합니다.

저는 우리네 인생에서 일어나는 일은 어느 것 하나 버릴 게 없고, 서로 서로 무언가 가르쳐 줄 수 있는 스승 역할을 할 수 있다고 생각합니다. 우택님의 삶의 궤적을 통해서도 그런 모습을 만납니다. 그리고 우택님의 무한한성장을 기대합니다.

우택님이 내신 시집은 앞으로 우택님이 펼치실 거대한 날개짓을 이루는 하나의 깃털에 불과하다고 믿습니다.
사람들과 더불어 건강하고 유쾌하게 성장하시길 빕니다!

2013년 11월 25일
품 심리상담센터
박은미 원장

추 천 사

링컨대통령의 위대한 점 중에 하나는 오뚜기 같다는 것이다.

대통령이 되기 전 일곱 차례나 낙선을 했다.

그럴 때마다 그는 이발소에 가서 머리를 잘랐다.

그리고 나서 몸을 씻은 뒤 자신에게 벌어진 모든 상황을 감사했다고 한다.

안 좋은 일을 딛고 일어서는 힘

그것이 오늘날의 링컨 대통령을 만든 힘이었다.

살면서 고꾸라짐은 수시로 찾아온다.

하지만 어떤 사람은 실패를 발판으로 삼고

어떤 사람은 그 실패를 인생의 전부로 받아들인다.

나는 5년 전에.....

이대로 쓰러지기에도 충분하고

이대로 주저앉기에도 충분한 한 사람을 만났다.

어린아이처럼 실컷 웃고, 실컷 울고 나서 그는 다가와 말했다.

"소장님 대학교 시절에 가졌던 꿈이 다시 생겼습니다."

"꼭 시집을 낼 것입니다."

그리고 몇 년 후 나에게 한 묶음의 프린트 물을 가지고 왔다.

'웃음으로 하늘을 품다'

한 편 한편 읽다보니 어떤 누구보다도 삶이 절망이었던 사람이었다.

심지어는 오전에는 할머니를 묻고 오후에는 누님을 묻어야하는 아픔들.

하지만 문우택님은 우리에게 희망이 되도록 좌절 속에 꽃을 피워주었다.

웃지 못할 쓰라림 속에서 웃음을 품어 빛이 되어주었다. 정말 고마운 일이다.

'하품'은 내가 위로를 받은 것처럼 많은 이들에게 위로가 될 것이다.

혹은 실패를 디딤돌로 삼고자하는 것도 힘든 이들에게 같이 울어주고 같이 웃어주는 보석이 될 것이다.

따뜻해서 참 좋다.

한국웃음연구소
이요셉 소장

추 천 사

인간이 행복하기 위해서는 많은 조건이 갖추어져야 하는데 그중 단연 으뜸은 관계다. 관계는 다른 어떤 것보다 중요하다. 그래서 사람들은 바르고 좋은 인간관계를 맺기 위해 많은 시간과 물질을 투자한다. 그러나 가장 중요한 자신과의 관계에 대해서는 별로 중요하게 여기지 않는다.

우리 몸은 사랑받고 싶어 하고, 공감 받고 싶어 하며 돌봄을 받고 싶어 한다. 그러나 우리는 우리 몸에게 그렇게 하지 못했다. 이 시집은 그동안 잊고 살았던 자기 자신을 발견 하게 해주며 내 내면의 신음소리를 듣게 해주고 자기 자신의 존재에 관심을 갖게 해준다.

이 시집의 '나는 행복을 선택 한다'는 시에 나오는 구절 "이대로 쓰러질 것인가, 주저앉을 것인가, 질문과 번민 속에서 마흔 즈음 잊었던 꿈을 찾아 마음으로 웃던 날" 또 이 시집의 제목인 '웃음으로 하늘을 품다'는 시의 "그토록 짓누르던 굴레 던져 버리고, 오늘도 나는 웃음으로 하늘을 난다." 이 구절들을 읽는 순간 명치끝이 저려왔다. 메마른 땅에서 나온 뿌리 같이 독하지도 않은 이 사람, 한 그루 청정한 나무처럼, 겨울눈 속에서 꽃을 찾아가는 사람처럼 그간의 힘듦과 아픔을 웃음으로 일시에 승화시키는 오늘의 고백이 있기까지 얼마나 많은 눈물을 흘렸을까..

이 책은 누구나 공감할 수 있는 감정들을 터치하여 잊었던 자신을 일깨워주는 시집으로 평소 나의 삶에 감사

함을 느끼지 못하는 사람. 인생에 있어 행복을 느끼고 싶은 사람은 꼭 한 번 읽어보길 바란다. 오래도록 간직하며 책장에 꽂아놓고 천천히 보면 마음이 편해지는 책, 나아가 많은 분들이 이 시집을 읽고 회복이 있어지기를 소망한다.

총신대학교 평생교육원
이갑숙 교수

웃음으로 하늘을 품다

초판인쇄 2013년 12월 13일
초판발행 2013년 12월 18일

지은이 문 우 택
펴낸이 이 혜 숙 펴낸곳 신세림출판사
등록일 1991년 12월 24일 제2-1298호

100-015 서울특별시 중구 충무로5가 19-9 부성B/D 702호
전화 02-2264-1972 팩스 02-2264-1973
E-mail : shinselim72@hanmail.net

디자인 Dedign Fix (designfix1@naver.com)

정가 10,000원

ISBN 978-89-5800-141-6, 03810